Encontros
para novos casais

Coleção Pastoral familiar

- *A linguagem do amor: reflexões acerca da sexualidade e do matrimônio para jovens enamorados* – Severino Pagani
- *Encontros de preparação para o matrimônio* – André Luís Kawahala e Rita Massarico Kawahala
- *Encontros para novos casais – livro do agente e livro do casal – volumes 1 e 2* – André Luís Kawahala e Rita Massarico Kawahala
- *Famílias em segunda união: questões pastorais* – Wladimir Porreca

André Luís Kawahala
Rita Massarico Kawahala

Encontros
para novos casais

Livro do casal

Dados Internacionais de Catalogação na Publicação (CIP)
(Câmara Brasileira do Livro, SP, Brasil)

> Kawahala, André Luís
> Encontros para novos casais, volume 1 : livro do casal / André Luís Kawahala, Rita Massarico Kawahala. – 4. ed. – São Paulo : Paulinas, 2012. – (Coleção pastoral familiar)
>
> ISBN 978-85-356-3377-1
>
> 1. Casais - Relações interpessoais 2. Casamento - Aspectos religiosos - Igreja Católica 3. Comunicação no casamento 4. Homem - Mulher I. Kawahala, Rita Massarico. II. Título. III. Série.
>
> 12-13115   CDD-259.1

Índice para catálogo sistemático:
1. Dinâmicas e vivências para recém-casados :
   Pastoral da família : Cristianismo 259.1

Citações bíblicas: *Bíblia Sagrada*. 2. ed. Tradução da CNBB, 2002.

Direção-geral:
Flávia Reginatto

Editora responsável:
Luzia M. de Oliveira Sena

Assistente de edição:
Andreia Schweitzer

Copidesque:
Mônica Elaine G. S. da Costa

Coordenação de revisão:
Marina Mendonça

Revisão:
Sandra Sinzato

Direção de arte:
Irma Cipriani

Gerente de produção:
Felício Calegaro Neto

Editoração eletrônica:
Wilson Teodoro Garcia

4ª edição – 2012
6ª reimpressão – 2020

Nenhuma parte desta obra poderá ser reproduzida ou transmitida por qualquer forma e/ou quaisquer meios (eletrônico ou mecânico, incluindo fotocópia e gravação) ou arquivada em qualquer sistema ou banco de dados sem permissão escrita da Editora. Direitos reservados.

Paulinas
Rua Dona Inácia Uchoa, 62
04110-020 – São Paulo – SP (Brasil)
Tel.: (11) 2125-3500
http://www.paulinas.com.br – editora@paulinas.com.br
Telemarketing e SAC: 0800-7010081

© Pia Sociedade Filhas de São Paulo – São Paulo, 2008

Dedico este livro a Deus...
... que me ofereceu como dom a Cida e o Raul,
pais maravilhosos;
... que me ofereceu uma esposa que é minha vida,
"osso dos meus ossos, carne da minha carne";
... que me ofereceu o melhor presente do mundo:
Nícolas, nosso filho.
Com a gratuidade do verdadeiro Pai. Obrigado, Senhor!
André Luís Kawahala

Agradeço, primeiramente, a Deus Pai e também:
a minha avó Maria, que me ensinou o amor pela família;
a meus pais Rose e Nelito, a quem amo demais
e que me ensinaram a ser família;
a minha irmã, cunhados, sobrinhos e amigos,
sempre presentes em minha vida;
a nosso filho lindo, que é fruto do nosso amor: Nícolas,
que me ensinou a ser mãe e educadora;
e a meu eterno amor, meu herói, minha vida: André...
... sem você não sou nada, com você sou tudo.
Rita Massarico Kawahala

INTRODUÇÃO

O que são os "Encontros para Novos Casais"?

Trata-se de um trabalho da Pastoral Familiar, com grupos de acompanhamento matrimonial, para orientar pessoas como vocês: recém-casados em seus primeiros anos de união conjugal, pois é nesse período que o conhecimento mútuo levará à consolidação do matrimônio.

O principal objetivo é dar continuidade ao "despertar" proporcionado pela preparação ao sacramento do Matrimônio e, aproveitando a disposição e juventude dos novos casais, motivá-los a:

- solidificar as bases para a construção da vida matrimonial, respondendo com cuidado e carinho ao compromisso assumido no dia do casamento, diante de Deus, do assistente sacramental, da família, dos amigos e da Igreja;
- encontrar caminhos para o diálogo permanente, indispensável à vivência do matrimônio e à superação dos atritos naturais da convivência conjugal;
- refletir sobre as deficiências de cada um dos esposos e sobre o valor do relacionamento;
- participar de pequenas comunidades ou grupos de famílias interessados na construção de uma nova realidade social, pois, somente através de um verdadeiro testemunho cristão do sacramento do Matrimônio

pode surgir a mais profunda transformação social desejada por Deus;

- tomar parte da comunidade como forma de integrar a vida conjugal com os demais sacramentos – principalmente a Eucaristia – e com a realidade da evangelização na paróquia da qual ambos participam, para que possam ser agentes ativos da Igreja.

Por que participar dos Encontros para Novos Casais?

A experiência pastoral nos aponta uma triste constatação: muitos casais não chegam a completar o primeiro ano de casamento. Outros se separam antes do final do segundo ano. Essa dura realidade é fruto da atual estrutura da sociedade, a qual privilegia o *individualismo* e o *egocentrismo*, que infelizmente não são eficientemente combatidos pelas famílias, resultando numa geração de pessoas que buscam o sacramento do Matrimônio com o desejo de viver uma "conjugalidade individualista", ou seja, sem a disposição de dialogar e ceder em suas posições pessoais em vista do bem do casal. Como resultado dessa situação, graves problemas afetam a vida matrimonial, até que a tensão e os atritos, por fim, provocam o rompimento da aliança estabelecida nos âmbitos psíquico, emotivo, corpóreo e espiritual.

Verifica-se uma constante busca pela felicidade, mas não a felicidade de fazer o bem profundo e duradouro a alguém, e sim o desejo de encontrar a própria felicidade. A ideia do "eu mereço ser feliz a qualquer custo" fecha o coração dos cônjuges e abre espaço para uma convivência egoísta, que privilegia somente o atendimento dos próprios desejos. Há uma distorção no conceito de *felicidade* ou do que é *ser feliz*. A felicidade parece depender exclusivamente da intensidade e quantidade de momentos de prazer. Não se percebe, porém, a satisfação dos pequenos gestos e da doação da própria vida, quando, muitas vezes, o sorriso é adiado para existir apenas após o sorriso da pessoa amada.

A *competição* e o esforço em obter sucesso pessoal permeiam a sociedade. Mal direcionada, essa competição contamina as relações e, aos poucos, atinge também a família e o relacionamento conjugal. É preciso voltar a valorizar a *comunhão* do homem e da mulher que buscam ser "uma só carne", conforme o desejo e desígnio de Deus.

Observa-se, também, o *relativismo* que leva as pessoas a criarem novas e inusitadas opções aos conceitos de *certo* ou *errado*. O problema maior é que o ponto de vista e as conclusões nem sempre são compartilhados e, assim, cada um dos cônjuges passa a acreditar na *sua* verdade e, certamente, tentará impô-la ao outro.

Para combater a nocividade do polinômio *individualismo–egocentrismo–egoísmo–competitividade–relativismo*, as ações aqui propostas pretendem levar os novos casais a refletirem profundamente sobre o sacramento do Matrimônio e, assim, encontrarem motivação e força para vivê-lo de maneira verdadeira, desviando-se das situações que podem arruinar o relacionamento.

Como atuam tais Encontros?

Os Encontros para Novos Casais são coordenados pela Pastoral Familiar em âmbito paroquial e contam com a importantíssima participação do pároco. O trabalho paroquial está ligado à diocese, visando manter um diálogo e a troca de experiências e materiais entre outras paróquias que também trabalham com os encontros.

Características gerais

O trabalho acontece sob a forma de encontros de formação e reflexão, intercalados com encontros de convívio em pequenos grupos, formados por três ou quatro casais recém-casados e um dirigente. A duração é de dois anos (24 encontros mensais).

Os encontros se dividem em: encontros de espiritualidade e catequese; encontros de confraternização, visando à maior união entre os recém-casados de cada grupo; e encontros de integração entre os recém-casados da paróquia ao final de cada ciclo de seis encontros, para partilha de experiências e confraternização.

Como os encontros serão realizados

Os encontros contarão com a presença do dirigente – conforme descrito nas *Características gerais* –, cuja função é conduzir a reunião, mediar os debates e esclarecer as dúvidas que eventualmente surjam durante alguma discussão.

O pároco poderá celebrar missas mensais para a apresentação dos casais à comunidade e a divulgação dos trabalhos, com a participação de alguns membros do grupo na liturgia.

É muito importante que todos compareçam aos encontros e tomem parte ativamente nas atividades da paróquia e da vida da comunidade, partilhando suas experiências. E não esquecer que, em todos os momentos, a Bíblia é nossa grande companhia e deve estar sempre presente!

Casamos. E agora? É o começo?

1º ENCONTRO

Início de conversa

Dirigente: Vamos começar esta reunião com uma oração. Este é nosso primeiro encontro e, por isso, queremos fazer-lhes três pedidos importantes. O primeiro pedido é para que se acostumem a rezar. Aqui, rezaremos em grupo, o que significa que, nesses instantes, além do recolhimento pessoal, é importante a entrega de si mesmo na oração. Se algum de vocês ainda não tem o costume de rezar, agora será o momento de começar a fazê-lo, pois a oração é tudo para um cristão. O segundo pedido é para que, nessas reuniões, vocês sempre se apresentem de mentes e corações abertos, evitando insistir em ideias preconcebidas, que muitas vezes não ajudam a promover o diálogo e o debate sadios. Vamos juntos tentar partilhar o que temos para adquirirmos o que não temos. E o terceiro pedido é que todos estejam com disposição em seguir as recomendações apresentadas ao final de cada encontro, porque conterão um complemento importante para que possamos atingir nossos objetivos.

Assim, vamos começar nosso encontro com a oração inicial (ver *Orações para os encontros* ao final do livro).

Algumas questões para os recém-casados

Por que nos casamos?
- A vida perfeita, que foi tão sonhada e desejada, já está concretizada?

- Será que essa alegria vai continuar da mesma forma? Até quando?
- Quanto tempo dura a lua de mel?

Dinâmica

Vamos agora realizar uma breve dinâmica. Das ilustrações que você vê nesta página, em sua opinião, qual delas *melhor representa o casamento cristão*?

- Ilustração 1: um casal em uma gôndola, passando por baixo de uma ponte em Veneza.

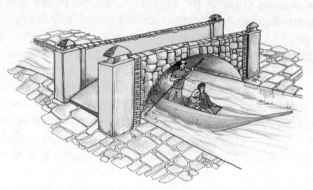

- Ilustração 2: um casal de alpinistas que chega ao topo de uma montanha e finca sua bandeira, comemorando o grande feito.

- Ilustração 3: um casal que, em conjunto, corre uma maratona.

A Palavra de Deus

Vamos refletir sobre o trecho do Evangelho segundo João, capítulo 2, versículos 1 a 12: vida nova que transborda como vinho novo para homens e mulheres.

Vamos atualizar a Palavra para nossos dias

1. Jesus e sua mãe foram convidados para um casamento.
2. Ainda assim, com Jesus presente, faltou o vinho.
3. Maria diz aos que serviam no casamento: "Façam o que ele [Jesus] mandar".
4. Os que serviam encheram potes com água e, ao comando de Jesus, os levaram para ser servidos.
5. "Todo mundo serve primeiro o vinho bom e, quando os convidados já beberam bastante, serve o menos bom. Tu guardaste o vinho bom até agora."

Um pouco da vida

Há alguns anos, Arnaldo e Roberta eram jovens estudantes do Ensino Médio. Não se conheciam. Nem sequer haviam se visto na cidade onde moravam. Estudavam em uma cidade vizinha, em colégios diferentes. Um dia, encontraram-se em um ônibus cheio: ela estava em pé, dentro do veículo, e ele, pendurado por um braço, na porta, segurava com o outro braço o material escolar. Ela teve pena e ofereceu ajuda. E este foi o início de uma grande amizade. Os dias foram passando. Os meses também. Diversos outros encontros casuais aconteceram. E após seis meses, começaram a estudar no mesmo colégio.

Estando mais próximos, os laços de amizade estreitaram-se. Mais seis meses e pronto: estavam namorando! Namorando, passaram por diversas situações durante os quatro anos e meio de relacionamento. Viveram muitos momentos bons. Encontraram muitas dificuldades também, mas a certeza de poder confiar profundamente um no outro sempre fez a diferença. Noivaram e casaram-se. Hoje, após quinze anos de matrimônio, continuam com a amizade, com o namoro e preparam-se para os anos que ainda hão de vir. Sempre com a certeza de que sem a amizade jamais poderiam conviver por tanto tempo.

E vocês, casais? Acreditam que uma grande amizade é o caminho para um grande matrimônio? Ou o matrimônio é que deve se tornar uma grande amizade?

Para refletir em grupo

Tendo em vista o que refletimos até agora, é hora de trabalharmos algumas questões referentes a este primeiro tema: o casamento é o começo de tudo? Já vimos que não. Assim, vamos tentar nos aprofundar em quatro questionamentos:

1. O que é matrimônio?
2. Qual a diferença entre casamento e matrimônio?
3. Como o casamento é encarado em nossa sociedade?
4. O que é realmente viver a dois?

Para enriquecer ainda mais o encontro

Tarefa do casal:
1. Durante os dias seguintes, até a chegada do nosso próximo encontro, cada casal deverá conversar e encontrar *pelo menos* três pontos que identifiquem a grande amizade que os une.
2. Dialogar a respeito da verdadeira amizade. Buscar falar mais sobre si mesmo, sobre seus sonhos e suas expectativas, e também sobre suas tristezas e decepções.

Tarefa do grupo:
1. Reunir-se para uma pequena confraternização, talvez para um momento de lazer, em que deverão, em dado momento, conversar um pouco mais sobre a amizade e sobre as expectativas dos jovens casais em nossos dias.
2. Escolher um santo padroeiro para o grupo.
3. Escolher um nome para o grupo.

Conclusão

Afinal, o casamento é um começo? Claro que não! Quem chegou até aqui, deveria tê-lo feito por ter conseguido alcançar um nível de amizade, de companheirismo, de conhecimento do outro, que permitisse a comunhão de corpos e de almas necessária para enfrentarem juntos todas as dificuldades de construir uma nova família a partir do *ser casal*. Quando se vive bem o namoro, sem o olhar materialista, sem abrir espaço para o prazer desmedido, que leva a uma intimidade precoce e, consequentemente, a uma sexualidade banal e vazia, chega-se ao casamento mais pleno, ou, pelo menos, com menor chance de errar como tantos erram.

Quando a caminhada do casamento não se inicia no primeiro olhar, no primeiro beijo, os casais se descobrem como dois completos estranhos sob o mesmo teto, após se casarem.

É possível reverter essa situação? Com certeza! E é exatamente isso que vamos ver durante estes encontros.

Terminaremos agora com nossa oração final (ver *Orações para os encontros* ao final do livro).

2º ENCONTRO

"Eu não aprendi a fazer isso assim!"
Dois mundos que se encontram

Início de conversa

Dirigente: Vimos no 1º Encontro que o matrimônio é a continuidade de um relacionamento iniciado com o namoro. Dessa forma, é preciso observar que o momento do casamento não é uma mágica que transforma repentinamente cada cônjuge. Muitos esperam por uma mudança profunda, que faça o outro ficar do jeito que querem. Mas, na maioria das vezes, isso não acontece. Vamos refletir neste encontro sobre o porquê disso.

Vamos começar nosso encontro com a oração inicial (ver *Orações para os encontros* ao final do livro).

Tarefas do encontro anterior

- *Do casal*: Cada um dos casais conseguiu conversar a sós sobre a própria amizade? Sem entrar em detalhes, cada um deve nos dizer: vocês são realmente amigos?
- *Do grupo*: Qual será o santo padroeiro do grupo? E qual o nome escolhido para nosso grupo de reflexão?

Algumas questões para os recém-casados

- Por que as pessoas mudam depois do casamento?
- Por que ele/ela não aceita minha opinião? Sempre agi assim. Sempre deu certo.

Dinâmica

Apresento-lhes o porco-espinho!

Trata-se de um mamífero roedor que, ao nascer, já traz uma camada de espinhos. Mede entre 50 e 100 cm e possui uma forte cauda preênsil, a qual o ajuda a subir à copa das árvores e representa cerca de 50% do seu tamanho. Seus espinhos, na verdade pelos adaptados, têm em média 10 a 15 cm de comprimento, até 6 mm de espessura e são mais espessos e afiados na região próxima à cauda. Por isso costumam defender-se virando de costas.

Curiosidade: os espinhos não são arremessados contra os inimigos. Os próprios agressores se espetam ao atacar o animal.

O porco-espinho acasala-se e costuma ter de 1 a 2 filhotes por ninhada.

A pergunta é: de que forma o porco-espinho se acasala *sem se ferir*, sabendo que eles são mamíferos e que seu sistema reprodutor é igual ao dos demais animais dessa classe, ou seja, necessitam do contato dos genitais?

A Palavra de Deus

Hoje, vamos ouvir e refletir o trecho da carta de Paulo aos Colossenses, capítulo 3, versículos 12 a 17: o exercício da cristandade nos lares cristãos é algo próprio dos seguidores de Cristo.

Vamos atualizar a Palavra para nossos dias

1. Quem são os escolhidos de Deus?
2. Como deve ser a "roupa" dos escolhidos de Deus?
3. Cada um precisa perdoar o próximo do mesmo modo como Deus nos perdoa. Como isso funciona dentro do matrimônio?
4. A palavra de Cristo tem de permanecer em cada pessoa para que haja ajuda mútua entre os cristãos. Como colocar em prática esse ensinamento entre o casal?

Um pouco da vida

Em nossas visitas pelas casas de recém-casados, muitas vezes encontramos coisas parecidas. Da alegria do novo lar aos móveis comprados à prestação. Do entusiasmo e da novidade de uma nova vida ao sentimento de liberdade de ir e vir conquistada. Porém, além dos aspectos positivos, podemos perceber também algo negativo. Muitos dão sinais de surpresa e certo desencanto manifestado por um "sorrisinho amarelo", quando nos aprofundamos na pergunta: "Como está o dia a dia de marido e mulher?".

"É, ele tem a mania de deixar as coisas aqui e ali, como se eu tivesse obrigação de juntar. Se a mãe dele juntava era porque só vivia pra isso", dizem algumas. "Mas calcinha pendurada no registro do chuveiro, ninguém merece! Lá em casa, quer dizer, quando eu era solteiro, não tinha isso", retrucam eles. "Outro dia apareceu em casa com um amigo que veio pegar uns CDs. Está certo que nem ficou muito tempo, mas ele nem me avisou!", contam elas. "Mas, se é a minha casa, por que preciso avisar?", justificam eles. "E fica no banheiro toda a vida! Toma banho, lava os cabelos, passa creme no cabelo, passa creme no corpo. Depois escolhe roupa. Põe uma e não gosta, tira, põe outra e acha que a primeira estava melhor... quando a gente namorava não tinha isso não!", queixam-se certos maridos. "Claro, meu bem! Eu marcava com você já sabendo do seu atraso... dava tempo de fazer tudo isso sem você saber. Mas eu sempre fiz assim", respondem elas. "Eu peço para ajudar em casa, mas ele não quer. E, quando faz, faz tudo errado", reclamam elas. "Claro, se lavo a louça, não posso colocar os talheres para escorrer virados para cima. Se estendo roupas, não posso prender pelo meio. E aprendi assim. Sempre fiz assim e dava certo. Não faço mais mesmo", devolvem eles.

Pois é, só um pouquinho de reclamações. Isso é descobrir no outro algo antes desconhecido. Como lidar com o "eu não fazia isso assim?".

Para refletir em grupo

1. Saber ouvir é a qualidade de um bom amigo. O matrimônio feliz é construído sobre uma amizade sólida. Como fazer para que esposo e esposa possam tornar-se bons ouvintes um do outro?
2. Esposa e esposo são duas pessoas diferentes, criadas por famílias distintas, com experiências de vida próprias que, possivelmente, foram desenvolvidas até mesmo em lugares muito distantes um do outro. São duas histórias que se encontraram e que precisam se entrosar. Encarando essa realidade, o que os casais podem praticar no seu dia a dia para equilibrar a vida conjugal?
3. É possível aproveitar o melhor de cada um? Como fazer isso?

Para enriquecer ainda mais o encontro

Tarefa do casal:

1. Com bastante mansidão, paz e carinho, vamos exercitar um pouco a humildade e a doação entre

marido e mulher. Observando o ensinamento da Palavra de Deus lida neste encontro (se for preciso, ler de novo na ocasião da tarefa), o casal deverá preparar um momento no qual, sem cobranças nem reclamações, cada um possa deixar o outro falar sobre dois pontos divergentes existentes no convívio e que acreditam ser ruins. Dois para ela, dois para ele.

2. Ao final dessa "ouvidoria", em que não vale responder de imediato, cada um vai refletir consigo mesmo durante o tempo que precisar, analisando a situação descrita para propor uma solução possível, comprometendo-se com a felicidade do outro. Será que vocês conseguem?

Tarefa do grupo:

1. Em mais um dia de descontração, os casais deverão reunir-se para lembrar de piadas e anedotas que contam sobre a vida de casado e tentar ver o que se esconde por detrás dessas situações.

2. Se possível, para o mesmo dia, aluguem um filme que fale dessa negatividade do relacionamento – há vários nas locadoras, tanto produções nacionais quanto estrangeiras – e discutam entre si: os fatos de que tratam essas piadas, anedotas e filmes mostram a realidade da vida de casado? E se mostram, por que as pessoas não tentam fazer a diferença mudando tais situações?

Conclusão

Não é fácil viver a dois. Mas em nome de algo maior, vale a pena investir tempo no relacionamento matrimonial. Ali, duas vidas diferentes se unem por amor e com respeito para fazer uma grande diferença na sociedade, pois terão novas ideias, novos pontos de vista e, consequentemente, novas atitudes. Todos precisam aprender a respeitar a individualidade, e a melhor escola para isso é a família.

Terminaremos agora com nossa oração final (ver *Orações para os encontros* ao final do livro).

Guerra dos sexos no lar: perigo à vista

Início de conversa

Dirigente: No nosso 3º Encontro, pensaremos um pouco sobre a questão do respeito às características individuais do outro, olhando com carinho as diferenças, para buscar, de forma tranquila, um equilíbrio entre o casal. Neste encontro refletiremos sobre a partilha das tarefas do lar: existe realmente a divisão entre tarefa feminina e masculina? Iniciemos rezando nossa oração inicial.

Tarefas do encontro anterior

- *Do casal*: Sem entrar nos detalhes de cada conversa, digam: foi positivo o momento sincero de diálogo entre o casal?
- *Do grupo*: Os casais conseguiram lembrar-se das piadas e dos filmes que satirizam o casamento? A que conclusões chegaram?

Algumas questões para os recém-casados

- Por que as mulheres têm de ter jornada de trabalho dupla: trabalhar fora e depois em casa?
- Por que o homem tem de ajudar a mulher nas tarefas do lar? Cuidar da casa não é coisa de mulher?

- Lavar louça, tirar o lixo ou passar roupas "fere a masculinidade"?

Dinâmica

pilha alcalina

Todo mundo, obviamente, já observou o funcionamento de uma pilha. Dois polos: um positivo e outro negativo. Pois bem, vamos, através do que nos é muito óbvio, analisar o fator *auxílio* dentro do casamento. Se pegarmos uma lanterna e ligarmos apenas um polo da pilha, o que acontece? O óbvio: nada! É preciso dois polos de uma mesma natureza – ambos da mesma pilha –, mas diferentes, e até mesmo opostos, para que o circuito seja fechado e a lanterna acenda.

São diferentes: um é positivo e o outro, negativo. Um sempre vai ficar do lado oposto do outro, mas ao mesmo tempo ligados e dependentes.

Vamos lá: quantos exemplos nesse sentido podemos encontrar na natureza? Além da pilha, quantas coisas somente funcionam aos pares que se complementam?

A Palavra de Deus

A Palavra que Deus tem para nós hoje é aquela que encontramos no livro do Gênesis, capítulo 2, versículos 18 a 24.

Vamos atualizar a Palavra para nossos dias

"Não é bom que o homem esteja só", disse Deus. Portanto, decide fazer para ele uma *auxiliar* que lhe seja *semelhante*. Tomou uma costela do homem e com ela moldou a mulher. "Osso dos meus ossos e carne da minha carne!", exclamou o homem. E serão ambos "uma só carne".

A mulher é uma auxiliar, não no sentido de serviçal ou empregada, mas no de associada sem a qual não é possível desempenhar um papel.

A mulher é semelhante, tem a mesma natureza, mas não é igual. Por isso, têm os dois os mesmos direitos e deveres, porém cumprem funções diferentes e complementares entre si. Atualmente, mais que em qualquer outra época, essa máxima é verdadeira.

Um pouco da vida

Um dia, há algum tempo, palestrando em uma comunidade, eu falava sobre a mulher e seu novo papel na sociedade. Comentava sobre as possibilidades que, infelizmente, se fecham à mulher por causa da nova vida profissional, a qual muitas vezes é tão ou mais desgastante que a dos homens. Ao perguntar à audiência feminina presente se alguma mulher gostaria de cuidar somente dos filhos, dedicando-se a eles, muitas se manifestaram. Porém, de repente, levantou-se uma mulher que, com forte sotaque nordestino disse: "Se a gente não trabalha, os homens não conseguem sustentar a casa". Risos gerais. E a mulher insistiu: "Do jeito que as coisas vão, difíceis como estão, se a mulher não trabalha, os filhos acabam passando necessidade. O homem sozinho não sustenta mais a casa".

Quase foi o fim da palestra. As pessoas presentes começaram a comentar o ocorrido e a mulher meio indignada continuava explicando-se e oferecendo mais argumentos.

O fato foi depois devidamente explicado e a senhora, mais calma, acompanhou o restante da palestra.

Retornando para casa, conversava com minha esposa e ela me disse: "Quantas mulheres não devem sentir a mesma dificuldade hoje? Se elas pudessem ter opção, será que trabalhariam?".

Fica realmente esta dúvida. A mulher tem opções na sociedade moderna? E, sem poder escolher, de que forma fica o convívio familiar dessas pessoas?

Para refletir em grupo

Vivemos uma época de grande mudança social. A vida moderna não permite a uma família cultivar os mesmos costumes de cem anos atrás. Quase não é possível encontrar aquela figura do pai provedor e "chefe de família" e, da mesma forma, são poucas as mulheres "donas de casa". Mas uma coisa não mudou: homem e mulher são companheiros, auxílio um para o outro. No panorama atual, observamos mulheres sobrecarregadas com "duplas jornadas de trabalho": uma dentro e outra fora de casa. E homens que não aceitam a divisão de tarefas no lar: cuidar da casa é "coisa de mulher". Mas trabalhar fora para ajudar nas despesas já não é coisa só de homem. É preciso criar uma nova cultura de uma família realmente "moderna": não existem espaços reservados para um ou para outro, nem dentro nem fora de casa.

O que fazer para que essa tensão, que pode acontecer, não afete a vida conjugal? Como valorizar a mulher sem "desvalorizar" o homem?

Para enriquecer ainda mais o encontro

Tarefa do casal:

Cada casal deverá conversar a respeito da partilha dos afazeres domésticos entre homem e mulher e descobrir de que modo é possível criar uma nova cultura dentro de casa.

Tarefa do grupo:
A sociedade nos cobra bastante. Mas alguém já pensou que a nova sociedade é formada por pessoas como os jovens casais que começam sua nova vida conjugal? Então, como os novos casais podem construir uma nova sociedade?

Conclusão

A vida a dois não é fácil, e sabemos disso. Mas é maravilhoso estar juntos e poder contar um com o outro. O homem apoiando a mulher e vice-versa. Não existem espaços reservados e tarefas que um ou outro não possa realizar. A masculinidade ou a feminilidade não estão nas atividades desempenhadas, mas na forma como são executadas e, sobretudo, na maneira como nos relacionamos um com o outro. Ser homem ou mulher de verdade é demonstrar ao outro que precisa dele e que é grato por serem complementares entre si.

Terminaremos agora com nossa oração final.

4º ENCONTRO

Os seus amigos... os nossos amigos!

Início de conversa

Dirigente: Este é nosso 4º Encontro. A perseverança nos ajuda a caminhar melhor com Deus e descobrir o que ele quer nos indicar. A vida conjugal, como vamos percebendo, nunca foi tão complicada como em nossos dias. Neste encontro, vamos refletir um pouco sobre o casamento e os amigos. Os seus amigos e os nossos amigos: quem são? Vamos começar a reunião com nossa oração inicial.

Tarefas do encontro anterior

- *Do casal*: O casal conseguiu chegar a algum consenso a respeito dos papéis dentro do lar? Das pequenas tarefas domésticas às grandes decisões, qual é o papel do marido e da esposa?
- *Do grupo*: Na reunião de confraternização, vocês conseguiram conversar a respeito da nova estrutura do lar que a sociedade exige? A que conclusões chegaram?

Algumas questões para os recém-casados

- Até onde os círculos de amizade de um e do outro podem atrapalhar no relacionamento conjugal?

- Como manter laços de amizade na sociedade atual sem enfrentar as diversas situações destrutivas que podem decorrer dela (ex.: ciúmes, desatenção, esfriamento da relação etc.)?

Dinâmica

Vamos construir um castelo de cartas com três níveis. No primeiro nível, podemos pôr quantas cartas forem necessárias. No segundo nível, colocaremos uma quantidade menor de cartas. E no terceiro, apenas duas cartas. Simples? Veremos.

Após a construção, vamos refletir um pouco sobre a tarefa: É fácil construir um castelo de cartas? É fácil conseguir amigos verdadeiros?

Pensando nos círculos de amizade, quem são as pessoas que colocamos no primeiro nível e quem são as que colocamos no segundo nível?

É possível entender que no topo está o casal? Isso acontece sempre com os casais?

Se por acaso uma das cartas faltar, o castelo desmorona. O que isso representa na vida real?

A Palavra de Deus

A Palavra que Deus tem para nós hoje é aquela que encontramos no livro do Eclesiástico, capítulo 6, versículos 5 a 17.

Vamos atualizar a Palavra para nossos dias

1. Ter muitos conhecidos, mas um só confidente entre mil. Podemos facilmente relacionar esse confidente ao nosso cônjuge.

2. Amigos de ocasião, amigos que se tornam inimigos e amigos de mesa são todos os que convivem conosco motivados pelo interesse e pelas possibilidades que podemos oferecer para eles, sejam quais forem.
3. O temor a Deus nos leva a observar a reta conduta. Se agirmos assim, sempre nos afastaremos daqueles que a desprezam. Por isso, quem teme a Deus poderá encontrar amigos fiéis, pois estará propenso a conhecer pessoas que sigam na mesma direção que a sua.

Um pouco da vida

João trabalhava no departamento comercial de uma grande empresa de São Paulo. Tinha um cargo de confiança e participava de diversos projetos de seu departamento. Um dia, o diretor conseguiu junto à empresa um treinamento para toda a equipe em um hotel fora da cidade. João avisou a esposa e os filhos que teria de participar de tal evento, pois seu emprego dependia dele. Disse também que haveria muitos funcionários lá e que entre eles estariam também as mulheres do escritório: gerentes, supervisoras e coordenadoras. A esposa, Maria, compreendeu, não discutiu e concordou que João participasse de tal evento.

Na data marcada, lá foi João para o hotel. Durante o dia, todos se envolveram com as atividades e toda a agitação do treinamento. À noite, foi realizado um jantar e a seguir um momento de descontração. João ficou com os colegas de trabalho, bebeu, cantou e depois se retirou para o quarto.

No dia seguinte, numa roda de bate-papo, ouviu: "Um evento como esse tem realmente que ser só com funcionários. Quando a gente traz marido ou mulher é difícil ficar à vontade".

João ouviu, calou-se e entendeu que muitas pessoas ali deveriam agir de uma forma com a família e de outra com os colegas de trabalho. Vendo a situação, ele tomou o firme propósito de continuar sendo a mesma pessoa em todos os lugares, não importando o quanto aquela atitude pudesse lhe custar. E começou a fazer com que a esposa conhecesse mais os colegas do escritório.

Depois de algum tempo, João foi demitido da empresa. O emprego acabou e as amizades afastaram-se. Para ele restou a felicidade de ter o lar que lhe é definitivo.

É fácil tomar a atitude de João? Quantos de nós podem se sentir livres para ser para os amigos de trabalho a mesma pessoa que é para o cônjuge?

Para refletir em grupo

Nossa sociedade impõe muitas atitudes aos casais, mas ultimamente tem exigido que eles participem de uma vida altamente ativa, na qual a dedicação que um cônjuge deve ao outro acaba sendo transferida para os círculos de convívio dos quais participam. O trabalho, a faculdade e até mesmo outros grupos dos quais fazemos parte nos levam a cuidar do que é passageiro em detrimento do que é essencial e duradouro. Em todos esses lugares podemos encontrar bons e maus amigos. Amigos verdadeiros e amigos falsos. Como conviver com essa realidade? Como privilegiar as pessoas mais importantes?

Para enriquecer ainda mais o encontro

Tarefa do casal:

Dialogar sobre as amizades e estabelecer entre o casal a escala de valores que cada círculo social representa na vida conjugal. Combinar entre si formas de compartilhar as amizades, para que tanto o marido quanto a esposa participem mais de tais relações.

Tarefa do grupo:
Estabelecer amizades não é fácil. O que podemos fazer para estreitar os laços de amizade com as pessoas que nos são valiosas?

Conclusão

A profunda amizade entre marido e mulher é o relacionamento fundamental no pós-matrimônio. Os círculos sociais são necessários para o convívio diário, mas cada um deles deve ser valorizado particularmente, considerando-se o grau de importância na vida conjugal.

Também é preciso compartilhar as amizades, pois, ao ser casal, os amigos e as amigas não são mais somente dele ou dela, mas de ambos.

Terminaremos agora com nossa oração final.

5º ENCONTRO
Meu, seu e nosso? A partilha

Início de conversa

Chegamos ao 5º Encontro! Depois de falarmos sobre nossos círculos de amizade, agora chegou o momento de refletirmos um pouco a respeito da partilha dentro do novo lar. De que forma os novos casais vivenciam a união em um só corpo, fundamento primordial do sacramento do Matrimônio? Comecemos com nossa oração inicial de costume.

Tarefas do encontro anterior

- *Do casal*: houve um consenso entre o casal ao analisar e classificar por importância os círculos de amizade com os quais se convive? É possível fazer com que a esposa participe mais dos círculos de amizade do esposo e vice-versa?
- *Do grupo*: de que forma é possível valorizar as pessoas que nos são mais queridas?

Algumas questões para os recém-casados

- Minha mulher gasta demais! Como eu posso deixar o dinheiro na mão dela?
- O meu marido, vira e mexe, aparece em casa com coisas caras, sem conversar comigo. Como a gente

pode manter o orçamento equilibrado dessa maneira?
- Não é certo que cada um controle sua conta, suas despesas? Assim não fica mais fácil?

Dinâmica

Descalços, em pé lado a lado, cada um deverá cruzar os braços e tirar um pé do chão, sem tocar em nada. É fácil manter o equilíbrio nessas condições? Quanto tempo seria possível permanecer assim?

Depois, frente a frente, cada um deverá segurar nos antebraços do outro e novamente tirar um dos pés do chão, tomando o cuidado de levantar a mesma perna, ou seja, se um erguer a perna direita, o outro também terá de erguer a mesma perna. Nesta posição, qual é a diferença?

A Palavra de Deus

A questão do egoísmo que gera o individualismo é bem tratada na carta de São Paulo, apóstolo, aos Romanos. Vamos ouvir o que Deus nos fala através dela, lendo o capítulo 8, versículos 5 a 13.

Vamos atualizar a Palavra para nossos dias

1. Quando é que uma pessoa vive sob os *instintos egoístas*? Podemos dar algum exemplo?
2. Como alguém pode viver segundo o *Espírito de Deus*?
3. Os *desejos da carne* levam à morte. No casamento, o que significa essa morte?

4. As aspirações do Espírito levam à vida e à paz. Acreditamos nisso?
5. Ao nos entregarmos mutuamente no sacramento do Matrimônio, abrimos espaço, de novo, para que o Espírito de Deus habite em nós. Portanto, não deveríamos mais estar sob o domínio dos instintos egoístas. O que precisamos fazer para que o Espírito permaneça em nossa união?
6. Como podemos extinguir as *obras da carne* geradas pelo egoísmo?

Um pouco da vida

Fábio e Juliana estavam casados havia quatro anos. Durante esse tempo, mantinham um relacionamento baseado nas atuais tendências sociais: contas correntes separadas, cálculos de gastos individuais, partilha de despesas da casa e tentativa comum de evitar que o outro extrapolasse os gastos estipulados por Fábio. Havia também uma conta para a compra de roupas e outros pertences que variava de acordo com o salário que cada um recebia. Se alguém esquecia de pagar uma despesa, a bronca do outro era certa. E Juliana era quem mais se submetia e sofria com a situação, pois ganhava menos e, às vezes, acabava não podendo comprar roupas mesmo precisando, enquanto Fábio sempre aparecia com uma peça nova.

A situação era mantida dessa forma sob o pretexto da construção da casa própria, pois, morando nos fundos da casa dos pais dele, precisavam economizar. Mas a casa insistia em não sair do chão.

De repente, um "imprevisto" aconteceu: Juliana engravidou. As despesas aumentaram. Fábio teve de abrir mão de algumas coisas, a contragosto. Após o nascimento de João, a coisa apertou mais um pouco: Juliana, que conseguira uma promoção um mês antes de engravidar, passou a arcar com as despesas do bebê, além das dela.

E a casa própria continuava no chão.

A situação começou a mudar quando Fábio perdeu o emprego. Nessa nova condição, Juliana sustentava a casa praticamente sozinha. Fábio fazia bicos, mas o salário não chegava a ser igual ao da esposa. Batalharam juntos e, finalmente, Fábio compreendeu que somente somando os esforços, o dinheiro e as despesas é que poderiam avançar.

Hoje, ambos continuam trabalhando, tiveram o segundo filho, partilham os salários, mantêm uma conta única e discutem as necessidades. E a casa própria... já estão morando nela.

Para refletir em grupo

Há uma fortíssima tendência social em manter um individualismo gerado pelo egoísmo, que é um "defeito" natural do ser humano. É notório o estrago que tal comportamento causa na sociedade e, consequentemente, dentro das famílias. A partir do que vimos e ouvimos até agora, podemos montar um panorama da vida conjugal e avaliar como o egoísmo pode interferir na vida do casal? Quais são os sinais que mostram que um casal está vivendo de forma egoísta? Que atitudes devemos tomar para reduzir e, quem sabe, acabar com o individualismo entre os novos casais? Vamos refletir?

Para enriquecer ainda mais o encontro

Tarefa do casal:
- Sentar-se para conversar e tentar descobrir se a vida conjugal está sendo de partilha ou de egoísmo. Avaliar em que momentos o egoísmo impede o cresci-

mento do novo lar e descobrir juntos como estabelecer a partilha.

Tarefa do grupo:
- Achar uma forma concreta de expressar a partilha dos casais do grupo com a sociedade. Que ação pode ser realizada pelo grupo de forma rotineira para fazer a diferença diante do egoísmo atualmente pregado?

Conclusão

Entre marido e mulher, partilhar é somar. Mais ainda: partilhar é a única forma de mantê-los como *uma só carne*, conforme a vontade de Deus. A frieza de uma sociedade calculista, que divide para conquistar e reduz para economizar, seguindo as modernas tendências de *marketing*, contagia os casais menos advertidos, que, na busca pelo melhor para a nova família, acabam tendo atitudes individualistas no casamento. Grande parte dos casamentos termina por causa do egoísmo que machuca profundamente ambos os cônjuges, porque é o princípio de uma série de outros problemas nocivos a um relacionamento amoroso. Conversem mais sobre o assunto em casa e realizem as tarefas.

Agora, vamos encerrar com nossa oração final.

Quando o silêncio não ajuda

Início de conversa

Neste encontro, que completa o primeiro ciclo dos "Encontros de Novos Casais", vamos tratar de um tema importantíssimo ao casal: o diálogo. Por isso, participaremos bem deste momento para conseguirmos descobrir o quanto o casal está aberto à conversa franca, objetiva e sem temores no dia a dia. Comecemos com nossa oração inicial.

Tarefas do encontro anterior

- *Do casal*: Foi possível fazer uma reflexão profunda da partilha entre marido e mulher? Como está a situação dentro do lar?
- *Do grupo*: O grupo conseguiu avaliar se é possível construir uma sociedade mais fraterna e de partilha a partir do esforço e do testemunho dos casais e das famílias? Como isso poderia acontecer?

Algumas questões para os recém-casados

- Por que meu marido não partilha comigo as coisas que acontecem no trabalho?
- Por que ele insiste em ficar calado no canto dele, emburrado, e quando pergunto se ele tem algum pro-

blema em relação a mim, ele diz que não é nada, mas continua calado?
- Por que ela precisa falar tanto? A gente precisa de um pouco de sossego, não?
- Não vejo motivo para tanta conversa. Se estamos felizes juntos, é necessário ficar falando tanto sobre nós mesmos?

Dinâmica

Vamos fazer um jogo bem rápido entre os casais. Para tanto precisaremos de papel sulfite e canetas. Dividam a folha de sulfite em quatro partes. Cada cônjuge deverá escrever no quarto de página de papel, sem que o outro possa ler, o nome da pessoa e uma resposta cruzada, ou seja, ela fala dele e ele fala dela, para cada uma das perguntas abaixo, conforme o casal:

Casal 1: Qual é a cor preferida dela(e)?

Casal 2: Qual é a música preferida dela(e)?

Casal 3: Qual é a comida preferida dela(e)?

Casal 4: Qual é o maior sonho dela(e)?

Após escrever as respostas, os papéis deverão ser bem dobrados e colocados juntos em um lugar onde todos possam ver; porém, somente serão abertos no final, para que ninguém possa beneficiar o parceiro. A seguir, cada casal deverá responder à mesma pergunta para todos os presentes através da mímica, ou seja, o marido deverá contar qual a cor preferida da esposa usando gestos, e assim por diante.

Como será que isso termina?

Acertando ou errando (as respostas serão conferidas com os papéis), qual foi a grande dificuldade dessa dinâmica e como podemos compará-la com o diálogo na vida conjugal?

A Palavra de Deus

Vamos ouvir o que Deus nos fala através do Cântico dos Cânticos, capítulo 1, versículo 15, ao capítulo 2, versículo 7.

Vamos atualizar a Palavra para nossos dias

A beleza do diálogo entre marido e mulher deve remeter à beleza do canto dos apaixonados. A mesma doçura no falar e a mesma vontade em manter um diálogo devem existir entre os que já se casaram. Vamos refletir:
- A amada é mesmo bela em nossos diálogos? E o amado, mantém a mesma beleza e doçura?
- O lar, a morada do casal, é um lugar nobre e privilegiado?
- O casal ainda sabe se relacionar com amor e diálogo, como relata o trecho do capítulo 2?

Um pouco da vida

No dia a dia da atividade pastoral, encontramos diversos casais certos de que a tranquilidade da vida está ligada ao fato de falarem bem pouco, principalmente sobre assuntos que possam apresentar alguma ameaça ao relacionamento. Eles têm medo das "perguntas perigosas".

Encontramos vários casais que preferem ficar diante da TV, passear, falar da vida dos outros e filosofar em vez de encararem-se frente a frente e dizerem um ao outro o que sentem, o que os alegra e o que os magoa. Falta entre eles vontade e disposição para expressar o seu eu mais profundo e até mesmo as coisas mais frugais.

Mesmo os casais que mantêm um diálogo entre si, podem, às vezes, surpreender-se com respostas inesperadas. Há o exemplo de uma esposa que, após mais de vinte e cinco anos de casada, resolveu perguntar ao marido sobre a cor do batom que ela estava usando, um tom mais escuro. Ele, que sempre mantinha um bom diálogo com ela, meio sem graça, disse: "Benzinho, sabe, eu não gosto de batons de cores escuras. Prefiro vê-la com batons de cores mais suaves". E ela respondeu: "Puxa vida! E eu sempre usei pensando que você gostasse".

Será que os casais sempre vão ficar no "pensei que"?

Para refletir em grupo

O diálogo entre marido e mulher deveria ter-se iniciado bem antes do casamento. O casal deveria aprender a conversar de maneira franca, sem medos nem reservas na época de namoro; porém, se isso não tiver acontecido, nada os impede de dar a partida nesse bom costume imediatamente. Para manter um bom diálogo, é preciso antes de qualquer coisa uma segurança sobre si mesmo, sobre quem se é e quais seus objetivos dentro do relacionamento conjugal. Depois, é necessária uma predisposição em entregar-se ao outro integralmente, sem máscaras, para que uma comunicação possa ser estabelecida. Silêncio entre marido e mulher não funciona. E nós? Em nossa vida conjugal existe disposição ao diálogo?

Para enriquecer ainda mais o encontro

Tarefa do casal:

Cada um deve elaborar uma lista mental de todas as coisas que gostaria de perguntar ao outro e que ainda não o fez. Em um momento muito particular, descontraído, fazer um ao outro tais perguntas. Vale, inclusive, perguntar a cor preferida, o filme predileto etc.

Tarefa do grupo:
> Em um encontro bem descontraído, falar entre si sobre as aspirações de cada casal a respeito da vida e do futuro. Onde estaremos daqui a dez, vinte ou trinta anos? O que pretendemos realizar e o que esperamos colher. Quais os sonhos de cada casal?

Conclusão

Quando o silêncio ajuda? O silêncio é uma maneira de ouvir a Deus, ajuda-nos a entrar em nós mesmos, a refletir e a estabelecer comunicação com o eu interior. Porém, quando os cônjuges estão juntos o silêncio nunca ajuda, porque sempre existirá muito a ser dito entre marido e mulher. No processo de conhecimento profundo do cônjuge, o silêncio não ajuda, porque o que não é dito, expressado, quase nunca será suposto ou adivinhado. Assim, é necessário construir, progressivamente, até o fim da vida, um diálogo aberto e franco. O diálogo é a atenção que a pessoa amada merece. Falar e ser ouvido, deixar falar e ouvir: o diálogo estabelece uma ligação que se fortalece à medida que a prática torna-se costume. Afinal, o diálogo de casal é partilha total de vida.

Agora, vamos encerrar com nossa oração final.

7º ENCONTRO

Queremos *ter* ou queremos *ser*? Quais são os valores que nos interessam?

Início de conversa

Com este encontro, iniciamos o segundo ciclo de nossa caminhada. Hoje vamos refletir um pouco sobre uma questão importantíssima nos dias atuais: quais são os valores que interessam aos novos casais: *ter* ou *ser*? Vamos descobrir qual a diferença e como isso interfe em nossa vida conjugal. Comecemos com nossa oração inicial.

Tarefas do encontro anterior

- *Do casal*: O casal conseguiu elaborar uma lista com perguntas nunca feitas anteriormente? As perguntas foram todas realizadas? Qual o sentimento que brotou dessa experiência?
- *Do grupo*: E o grupo? Chegou a uma conclusão de onde acreditam que vão estar daqui a dez ou vinte anos?

Algumas questões para os recém-casados

- Como é possível dar total atenção dentro de casa, se nossa cabeça está lá no trabalho? Nas coisas que temos de fazer amanhã?
- Falta ainda muita coisa para nossa casa! Se a gente não correr atrás, quem vai correr?

- Nada vem de graça. Se não lutarmos para conquistar nosso espaço profissional e fazer a diferença, nunca vamos chegar onde queremos.

Dinâmica

Vamos pegar alguns jornais e revistas da última semana e procurar todos os anúncios que eles trazem. Vamos cortá-los e separá-los em duas pilhas: anúncios que oferecem produtos e serviços úteis, do nosso ponto de vista, e aqueles que apresentam produtos ou serviços dispensáveis.

Ao final do encontro, vamos reavaliar a distinção feita e tirar conclusões.

A Palavra de Deus

Hoje vamos partilhar a Palavra de Deus que encontramos em Mateus, capítulo 6, versículos 19 a 34.

Vamos atualizar a Palavra para nossos dias

1. De que modo juntar riquezas no céu, como pede Jesus?
2. Nosso coração está no que é material, ou no que é espiritual?
3. Nossa luz está em nossos olhos. Eles são sadios e buscam o que é bom ou são doentes e buscam a escuridão?
4. Afirmativa de Jesus: "Vocês não podem servir a Deus e às riquezas".
5. Qual é nossa verdadeira preocupação em relação à vida? Comida, roupas, moradia? Se até mesmo estas, que são imprescindíveis, Cristo nos diz que Deus

nos dá como graça, por que se preocupar com outras além destas?

6. Sobre o que podemos refletir a partir da mensagem final dos versículos 33 e 34?

Um pouco da vida

Antônio era um homem trabalhador. Casado e com um filho pequeno, trabalhava sem parar para conseguir o sustento da família e um "algo a mais" para garantir certo conforto. Renata não trabalhava e cuidava do menino em tempo integral. Antônio saia cedo, ia para a empresa, cumpria seu horário normal e depois do expediente atendia alguns clientes indicados por amigos. Geralmente chegava em casa muito tarde e seu filho já estava dormindo. A esposa, sonolenta, o esperava entre um cochilo e outro. Em alguns finais de semana, a coisa se repetia e Antônio acabava atendendo os clientes o dia inteiro. A vida corria em atropelos. Nunca faltava nada do básico, mas as coisas pareciam paradas, pois o "algo a mais" nunca chegava.

Um dia, ao terminar de atender um cliente, Antônio teve o carro furtado. Sem seguro do veículo, havia perdido tudo. Quando fez as contas do prejuízo, deu-se conta de que todo o dinheiro ganho não cobria o valor do automóvel furtado. Olhou para sua casa e viu que o conforto esperado também não existia, pois em oito anos de casamento vivia com grande simplicidade.

Antônio e Renata, então, conversaram e decidiram que ele não mais trabalharia daquela forma e que se dedicaria mais à família e aos trabalhos na Igreja.

Hoje, continuam vivendo com simplicidade, mas a vida avançou mais que nos oito primeiros anos do casamento. Antônio, de vez em quando, faz alguma hora extra, mas sempre por um motivo importante: manter o emprego. Porém, a confiança na Providência Divina agindo na vida conjugal os tem ajudado a conduzir melhor a própria vida.

E nós? Como podemos abrir espaço para a Providência em nossa vida?

Para refletir em grupo

A sociedade atual geralmente confunde o que é essencial e imprescindível com o supérfluo e dispensável. Pela força do consumismo, os casais e as famílias são seduzidos a mergulhar de cabeça em uma busca desenfreada por *ter*. Ter acima de tudo. Precisamos *ter* uma casa muito bonita, roupas de marca, bons momentos nos melhores lugares etc. E assim vamos consumindo boa parte de nossa vida correndo atrás dessas coisas.

Mas muitas pessoas nem mesmo sabem quem na verdade são. Antes de descobrir-se, antes mesmo de *ser* alguém definido, saem correndo "atrás do prejuízo". As exigências sociais são grandes e sobra pouco tempo para descobrirmos quem somos. Sem perceber, as pessoas têm uma vida com pouca qualidade. E por isso acabam querendo *ter* mais para compensar o que não são ou o que não podem ser.

Atualmente, "novos casais", vocês querem *ser* ou apenas desejam *ter*? Vamos refletir.

Para enriquecer ainda mais o encontro

Tarefa do casal:

Façam uma lista das prioridades materiais de sua vida. Essa é a lista do *ter*. Façam também uma lista das coisas não materiais (família, Igreja, trabalho, lazer etc.) por ordem de importância. Essa é a lista de valores. Conversem sobre as duas listas: Como atingir os objetivos da primeira lista sem prejudicar a segunda? É possível ceder em alguns pontos?

Tarefa do grupo:

Conversar um pouco sobre como a participação em uma comunidade, em um grupo como o dos novos casais, pode ajudar a descobrir os verdadeiros valores da vida.

Conclusão

Hoje é preciso descobrir quais são os valores que mais nos interessam na vida. O que de verdade é necessário para viver? O que nos ajuda a viver? *Ter* nem sempre é tão ruim, porém, antes de possuir, é preciso conhecer quem somos para saber o que queremos. Há também aqueles que nem sabem quem são porque ainda não formaram o próprio *ser*. E no meio de tanta agitação social, do bombardeio da propaganda que cada dia cria novas formas de nos fazer consumir sem perceber, sem precisar, é essencial sermos firmes para evitar o erro. Agora, que tal concluir a dinâmica?

Encerremos rezando nossa oração final.

8º ENCONTRO

Interferências familiares: o que fazer?

Início de conversa

Família do marido. Família da esposa. Dois lares diferentes e cheios de experiências diversas. Como manter o relacionamento com essas realidades às vezes tão diversas?

Como de costume, comecemos nosso encontro com a oração inicial.

Tarefas do encontro anterior

- *Do casal*: Foi possível fazer uma avaliação dos valores importantes para o casal e relacionar quais são as reais necessidades materiais?
- *Do grupo*: Chegamos a que conclusão sobre a participação do casal na comunidade: ajuda ou não a construir novos valores?

Algumas questões para os recém-casados

- Nossa vida é boa enquanto a família dele não se intromete. O que fazer para manter distância?
- O pessoal vive sempre dando muito palpite. Como fazer para que entendam que temos nossa própria vida?

- Às vezes nem dá vontade de visitar a família dela. Ficam perguntando tantas coisas, que parece até interrogatório.

Dinâmica

Para esta dinâmica precisaremos de vinagre, óleo ou azeite e um ovo cozido.

Já sabemos que vinagre e óleo não se misturam. Ao colocarmos um pouco dos dois em um pratinho, teremos uma grande gota de óleo e outra de vinagre. Mesmo que tentemos misturá-los, veremos que as gotas se dividem, com o vinagre bem separado do óleo.

Agora, vamos acrescentar, aos poucos, a gema de um ovo cozido nesta mistura. Mexamos e observemos o que acontece...

Vamos refletir um pouco sobre esta dinâmica, comparando-a à realidade do casal e de suas famílias de origem.

A Palavra de Deus

Hoje vamos partilhar a Palavra de Deus que encontramos no livro do Gênesis, capítulo 2, versículos 21 a 24.

Vamos atualizar a Palavra para nossos dias

Pelos eventos mostrados na Palavra, a mulher é apresentada ao homem por Deus: é ele quem cria e une o casal. E por que Deus institui essa união, o homem (e também a mulher) deixará pai e mãe para ser uma só carne. Mas o que significa "deixar pai e mãe"?

Um pouco da vida

Edvaldo e Rosana estavam namorando quando decidiram comprar um imóvel ao lado da casa dos pais dela. Fizeram uma reforma e, uma vez casados, foram morar lá. Tudo ia bem, exceto por algumas intromissões, um tanto frequentes, da mãe de Rosana na vida do casal. Havia também certa cobrança sobre os horários que os dois mantinham, sobre onde iam e o que faziam.

O fato é que, três meses após o casamento, Rosana e Edvaldo já estavam "grávidos". Seria uma menina e todos estavam felizes. Durante a época da gravidez, a mãe de Rosana intensificou os cuidados, principalmente com a filha, já que eram vizinhas, muro com muro. Edvaldo via e ouvia tudo, aguentando a situação e sentindo-se pouco à vontade com aquilo. Uma vez nascida a pequena Camile, a mãe de Rosana entendeu que deveria ter uma dupla jornada durante o resguardo da filha e passou a "tomar as rédeas" da casa. Passado esse período, a criação da pequena era sempre motivo para outras interferências.

Em determinado momento, Edvaldo não suportou e "explodiu" com a sogra, que ficou extremamente chateada, pois tudo o que fazia era para o bem do casal e da linda netinha, que agora compunha a família. A situação ficou muito ruim e complicada durante bastante tempo, até que Rosana ficou grávida novamente. E esse foi um bom pretexto para mudarem para uma casa maior. Porém, mesmo morando distantes, a mãe de Rosana continuava intrometendo-se na vida do casal, agravando a situação com o genro.

Foi preciso um momento de conversa franca entre Edvaldo e a sogra para que a situação se resolvesse. Quando a convivência chegou a um ponto desesperador, ambos, motivados pela família e pelo movimento católico do qual participavam, à luz da Palavra de Deus, expuseram um ao outro seus pensamentos e conseguiram se entender.

Hoje, o casal Edvaldo e Rosana vive bem e não tem mais o problema do relacionamento com a mãe de Rosana, que compreendeu de que forma os pais devem ajudar na vida do jovem casal e participar da vida deles, porém sem exageros e de uma forma muito mais saudável.

Será que sempre é possível chegar a esse entendimento? Quais são as barreiras que os novos casais encontram diante das suas famílias de origem?

Para refletir em grupo

O novo lar do casal passa a ser sua primeira família. A casa de onde viemos passa a ser secundária dentro da nova vida. Não se trata de deixar os pais abandonados ou sem voz na vida do novo casal, mas de encontrar uma forma renovada de relacionamento entre as pessoas no cotidiano, estabelecendo limites. A partir do momento em que marido e esposa formam verdadeiramente uma só carne, passam a ser uma nova família, em que a primeira atenção do esposo é para a esposa e vice-versa. Ao novo casal, é preciso o exercício de algumas virtudes para bem se relacionarem com as famílias de origem:

- *mansidão*: para manter a calma e a paciência ao dizer a uma pessoa que ela está invadindo os limites do casal;
- *humildade*: para saber que existem momentos em que, de fato, precisamos de ajuda e jamais ter vergonha de pedi-la.

Assim, fica a pergunta para a reflexão: Como equilibrar a nova vida conjugal dentro dessa realidade?

Para enriquecer ainda mais o encontro

Tarefa do casal:
   Realizar uma conversa franca entre marido e esposa, na qual, observando os critérios para um bom diálogo (ver

o 6º Encontro), ambos possam expressar um ao outro até que ponto está o envolvimento do casal com suas famílias de origem e como ajustar as interferências.

Tarefa do grupo:
Discutir um pouco sobre como as famílias interferem na vida de cada um dos casais e trocar experiências.

Conclusão

Não é fácil o relacionamento entre as famílias dos cônjuges e o novo casal. Podemos observar que essa "intromissão" é cultural e, geralmente, irresistível. Existem pais que não conseguem crer que os filhos poderão construir sozinhos uma vida. Mas é possível explicar a eles que há uma nova realidade e um novo lar que precisa de apoio, mas que também carece de espaço para crescer através de suas próprias ideologias, desejos e necessidades. Pois ninguém poderá viver a vida do casal, senão ele mesmo. E o casal deve ter maturidade e equilíbrio para manter-se "uma só carne", apesar da influência das famílias, e fazê-los compreender os limites.

Vamos encerrar rezando a oração final.

"Até que a morte os separe" é muito tempo?

9º ENCONTRO

Início de conversa

Dirigente: Indissolubilidade é uma palavra difícil que denomina algo que não pode ser dissolvido, desmanchado. Hoje vamos refletir sobre essa característica, a qual é uma exigência para que realmente exista o sacramento do Matrimônio. Comecemos com nossa oração inicial.

Tarefas do encontro anterior

- *Do casal*: Vocês conseguiram conversar apropriadamente sobre a questão da interferência das famílias no relacionamento conjugal?
- *Do grupo*: As experiências que vocês trocaram na reunião de confraternização são muito diferentes umas das outras? Vamos comentar um pouco sobre isso?

Algumas questões para os recém-casados

- Por que o casal que se une na Igreja não pode se separar?
- Se o casamento não der certo, o casal é obrigado a permanecer junto?
- Isso não é um castigo ou uma prisão?

Dinâmica

Precisaremos de uma pedra, uma bolinha de papel higiênico amassado, de um torrão de açúcar e de três copos com água (mas não muito cheios):

- No primeiro copo, colocaremos o torrão de açúcar e observaremos. Em quanto tempo ele se dissolve?
- No segundo copo, colocaremos a bolinha de papel higiênico amassado. Quanto tempo ele leva para se dissolver e como isso acontece?
- No terceiro copo, colocaremos a pedra. É claro que ela não se dissolve, mas vamos observá-la com atenção.

O açúcar dissolveu-se imediatamente. Que tipo de união vocês acham que ele representa?

O papel higiênico abriu-se e depois foi se dissolvendo aos poucos. Em alguns dias ele será uma massa disforme. Que tipo de união ele representa?

E a pedra? Ela logo se acomoda no fundo, estática e firme.

Vamos comentar esses resultados?

A Palavra de Deus

Hoje, vamos ouvir e refletir o trecho do Evangelho de Marcos, capítulo 10, versículos 1 a 9: "os dois serão uma só carne" e "o que Deus uniu, o homem não deve separar".

Vamos atualizar a Palavra para nossos dias

1. Os fariseus chegam até Jesus para tentá-lo diante da multidão.

2. A pergunta feita foi se existia permissão para o divórcio na Lei de Deus.
3. Jesus, em sua pergunta, enfatiza Moisés: "O que *Moisés* mandou fazer?"
4. A certidão de divórcio foi indicada por Moisés por causa da dureza do coração humano, mas, desde o início, o homem e a mulher foram criados para ser uma só carne por vontade de Deus.
5. Por vontade de Deus, no matrimônio não mais existem dois, mas uma só carne.
6. O que Deus uniu, o homem não deve separar.

Um pouco da vida

Certo dia, um amigo que trabalhou comigo em uma empresa chegou ao escritório pela manhã e, chateado, disse: "Meus pais separaram-se!". Chocado, imediatamente me prontifiquei a ouvi-lo em sua aflição e, então, ele me contou: "Meus pais nunca viveram muito bem, mas jamais pensamos que iriam se separar. Meu pai era e é bem calmo. Nunca o vi brigar com minha mãe. Sempre trabalhou e ajudou no que podia. Mas agora, com mais de vinte e cinco anos de casamento, ele decidiu ir embora. Sem brigas nem discussões. Nós estamos meio perdidos lá em casa".

Conforme ele ia me contando sua triste história, fui me dando conta de que aquela união nunca havia se consolidado nem se definido. Como a bolinha de papel higiênico da dinâmica deste encontro, o casamento foi se desmanchando até virar algo que ninguém compreendia mais. O pai do meu amigo, depois de mais de vinte e cinco anos, percebeu que era um estranho para sua mulher e ela também uma estranha para ele. Infelizmente, muitos casais novos e antigos estão se separando por diversos motivos, mas a verdadeira causa por detrás dessas rupturas ainda é a falta de amizade profunda entre o casal – não havia muito diálogo entre os pais do meu amigo – e uma ausência da fé em Deus que estabelece os critérios para a manutenção de uma união indissolúvel. Faltou aos pais do meu amigo tomar gosto por viverem juntos um com o outro e com Deus.

Vamos comentar um pouco essa e outras histórias? Que caminho pode ser tomado pelo casal do século XXI diante do desafio do diálogo e da busca da vivência da fé?

Para refletir em grupo

A indissolubilidade pode ser comparada a uma pedra preciosa em estado bruto. Ela não brota em qualquer lugar, mas existe. Pode ser encontrada gratuitamente, também pode ser adquirida. Mas para que possamos descobrir sua beleza e seu grau de dureza é preciso lapidar, ou seja, retirar a sujeira, desgastar as pontas e polir até encontrar a sua melhor forma.

Assim é o matrimônio: é necessário entender que as dificuldades e os contratempos vividos pelo casal devem limpar as impurezas para tornar a união tão consolidada que pareça um diamante. Quem conduz esse trabalho todo é um ourives atento e experiente, que cuida da pedra preciosa de nosso casamento até que atinja seu esplendor.

O seu relacionamento pode ser considerado uma pedra preciosa? Quem é o ourives?

Para enriquecer ainda mais o encontro

Tarefa do casal:

Dissemos que a indissolubilidade concretiza-se através da abertura do casal à fé em Deus, que é o ourives responsável por fazer brilhar verdadeiramente essa pedra preciosa.

Conversem a dois em casa sobre como está a abertura do casal à ação de Deus no seu relacionamento.

Tarefa do grupo:

Diante da realidade que hoje a sociedade nos apresenta – tantos casais que se casam para "ver se dá certo" –, numa clara tendência a eliminar do casamento a exigência amorosa da indissolubilidade, vamos conversar em grupo sobre como é possível para os novos casais dar testemunho do valor da indissolubilidade no casamento.

Conclusão

A indissolubilidade do casamento é um diamante que ganha forma através da vida conjugal em que o amor, a amizade profunda e a fé em Deus agem como elementos que transformam o que é imperfeito em perfeito, conforme o tempo avança. A indissolubilidade é condição essencial para que o casamento exista, mas ao mesmo tempo é um fator que cresce e se fortalece à medida que o casal vence os desafios de seu relacionamento, confiante no Deus de Amor que o uniu. É somente sob a ação paterna desse Deus agindo na vida do casal, o qual se abre ao Pai, que o sacramento se manifesta plenamente indissolúvel.

Terminaremos agora com nossa oração final.

10º ENCONTRO

Fidelidade se aprende praticando

Início de conversa

Dirigente: Mais um encontro, mais um tema. Hoje vamos refletir sobre um assunto que de tempos em tempos aparece na mídia: a fidelidade. Façamos nossa oração inicial.

Tarefas do encontro anterior

- *Do casal*: Vocês conseguiram conversar e chegar a alguma conclusão sobre qual a influência de Deus na sua vida conjugal?
- *Do grupo*: Os novos casais sentem-se prontos ou em preparação para poder dar um testemunho da indissolubilidade do próprio amor conjugal?

Algumas questões para os recém-casados

- É possível ser fiel ao marido e à esposa nesta época de tanto "oferecimento"?
- Trair a namorada ou o namorado é infidelidade?
- É possível perdoar um adultério?

Dinâmica

Entregar um pedaço de fita adesiva de cerca de 7 centímetros para cada cônjuge. Depois, o dirigente deverá pedir que cada um vá colando e descolando sua fita adesiva na roupa uns dos outros do grupo. Quanto mais vezes a fita for colada e descolada, melhor será. Colem em diversas peças de roupa, em outros tipos de tecido etc. Depois de alguns minutos, o dirigente deverá solicitar que cada casal grude as suas duas fitas uma na outra. O dirigente, então, pegará um novo par de fitas adesivas e as unirá sem passar por nenhum tecido. Qual será o resultado? As fitas passadas de roupa em roupa aderem-se mais que aquelas coladas apenas uma vez? Vamos conversar sobre isso.

A Palavra de Deus

A Palavra que nos é proposta hoje está no livro de Mateus, capítulo 5, versículos 27 a 32. Vamos ouvi-lo.

Vamos atualizar a Palavra para nossos dias

"Não cometa adultério!" Jesus alerta: a traição começa no olhar que gera maus pensamentos.

Arrancar o olho = parar de olhar com maldade. Jogá-lo fora = eliminar o mau pensamento que o olhar gera.

Cortar a mão = cessar a má atitude. Jogá-la fora = agir com boa intenção.

Quem manda embora a mulher ou o marido peca por induzir alguém ao pecado de se tornar adúltero(a).

Quem se junta a alguém divorciado – uma pessoa livre no conceito social – também comete adultério.

Um pouco da vida

Camilo e Raquel eram casados há cerca de 10 anos, quando um momento de fraqueza pessoal fez com que Camilo se engraçasse com outra mulher, uma enfermeira. Seduzido pela situação e vivendo alguns problemas dentro de casa, Camilo, para ser "coerente" consigo mesmo, decidiu abandonar a esposa com duas filhas pequenas e morar de vez com a enfermeira.

Porém, a sua "coerência" lhe causou muitos problemas quando sua própria consciência o condenou. Sendo de família muito católica do interior de Minas, Camilo, numa noite em que sua amante estava de plantão, se viu diante de um dilema: "Eu estou vivendo em pecado! Não posso continuar assim". E aquilo ficou martelando em sua cabeça até que, em um assomo de coragem, decidiu abandonar a vida de adultério com a enfermeira e tentar voltar para a esposa. Ele estava arrependido e decidido a pedir perdão e aceitar todas as condições que Raquel lhe impusesse para poder retornar para casa.

Juntou suas coisas e tomou o caminho de casa. Bastante tempo havia passado. Ao chegar, conversou com Raquel, que após o choque, resolveu que tentaria dar uma segunda chance a Camilo. Mas avisou-o que seria difícil esse retorno. Eles acertaram as condições e Camilo voltou a viver com Raquel, percorrendo o caminho da reconquista da confiança.

Hoje, ainda vivem juntos. Raquel o perdoou, mas isso não fez com que a marca de ser traída se apagasse de sua vida, porém, encontrou forças para, junto com Camilo, criar as duas filhas, que hoje são moças; ainda tiveram mais um filho, provando que o adultério nem sempre é o fim.

Vamos conversar um pouco sobre isso. Raquel perdoou Camilo. E você, conseguiria perdoar uma infidelidade? Quais são os motivos que poderiam levar ao adultério?

Para refletir em grupo

É comum relacionar a fidelidade somente com o relacionamento sexual do casal. Infidelidade e adultério são tidos como sinônimos para muitas pessoas. Contudo, é importante lembrar que, por ser fundamentada na confiança, a infidelidade pode acontecer também através de outras situações, em que o desejo e o sentimento do outro são ignorados e traídos. Há atitudes não ligadas à questão sexual que são altamente destrutivas para o casamento, como: tomar decisões importantes sem a consulta ou a participação do cônjuge, esconder fatos, ações e até mesmo informações importantes dele e trocar momentos de lazer e descontração familiar por um boteco com os amigos. A própria infidelidade sexual pode aparecer como uma consequência dessa série de desventuras praticadas pelo marido ou pela esposa. Muitos casamentos acabam fracassando pela falta de respeito à confiança mútua que deve existir entre o casal. Vamos comentar um pouco sobre essas situações que hoje acontecem na vida das pessoas?

Para enriquecer ainda mais o encontro

Tarefa do casal:
> Em uma conversa aberta e franca entre o casal, discutam sobre quais fatores vocês consideram importantes para que a fidelidade seja mantida.

Tarefa do grupo:
> Há alguns anos vem sendo incentivado o "amor livre" e o "casamento aberto", resultados do prazer egoísta, em que somente *o que eu desejo* importa. Vamos discutir em grupo sobre como os casais que verdadeiramente se amam podem agir para mostrar que somente com a fidelidade se consegue atingir a plenitude do relacionamento.

Conclusão

Fidelidade se aprende praticando. Hoje, o mau costume da traição já começa no namoro. A virgindade e a castidade perderam o valor e, com a banalização do sexo, já acontece a infidelidade no namoro. Quem "traiu" um namorado ou uma namorada não cometeu adultério, mas, além de pecar contra a castidade, essa pessoa fez "estágio" para ser infiel após o casamento. Somente um amor profundo gera a fidelidade. A fidelidade alimenta a confiança mútua. E, como consequência, crescerá a felicidade do casal. Para viver a fidelidade em um relacionamento conjugal é preciso estabelecer os limites pessoais para se evitar cair em tentação e praticar a sinceridade e a transparência no relacionamento com diálogos abertos e francos, que não se atenham somente a coisas superficiais, mas que cheguem a descortinar o sentimento de cada um. É preciso ter coragem para conversar sobre as pequenas coisas que atrapalham o relacionamento e que se vão acumulando, transformando-se em grandes problemas. Trabalhar a cumplicidade e dedicar, sempre, bastante atenção ao relacionamento é a melhor forma para alcançar o ideal da fidelidade.

Terminemos agora o encontro com nossa oração final.

11º ENCONTRO

Conversar com Deus a dois e a sós: a oração

Início de conversa

Dirigente: Orar é comunicar-se com Deus. Vamos, portanto, estabelecer essa ligação com o Pai através de nossa oração inicial.

Tarefas do encontro anterior

- *Do casal*: A que conclusões o casal chegou sobre o que é importante para manter a fidelidade?
- *Do grupo*: Qual testemunho de vida os novos casais podem dar sobre amor e fidelidade?

Algumas questões para os recém-casados

- É preciso rezar?
- Por que é tão importante a oração familiar?
- Por que é difícil para o casal reservar um tempo para rezar junto?

Dinâmica

Pegue duas latinhas de molho de tomate, faça um furo no fundo de cada uma delas e coloque um barbante de cerca de

4 metros ligando as duas latinhas. Sim, é verdadeiramente um telefone de latinhas! Há quanto tempo você não via isso, não é mesmo? Pois bem, nesta dinâmica compararemos nossa relação com Deus através deste simples "instrumento" de comunicação.

Com o "telefone" nas mãos, duas pessoas deverão ficar em ambientes separados no local do encontro. *Deixando frouxo o barbante*, uma delas deverá falar na latinha, em tom e volume normais, uma frase completa que contenha um pedido. Algo como: "Por favor, traga-me água porque estou com sede". O que será que a pessoa na outra latinha conseguirá ouvir? A mensagem surgirá do outro lado audível, clara e sem deixar dúvidas?

Depois, *esticando o barbante*, a pessoa deverá falar uma outra frase do mesmo tipo da primeira. Qual a diferença entre a primeira e a segunda "ligação"?

Vamos comentar qual a diferença da "ligação" com o barbante frouxo e com o barbante esticado. Como podemos fazer uma comparação com nossa disposição em encontrar a Deus através da oração pessoal, conjugal e comunitária. O que representa o barbante frouxo? E o barbante esticado?

A Palavra de Deus

A Palavra que nos é proposta hoje está no livro de Tobias, capítulo 8, versículos 4 a 9.

Vamos atualizar a Palavra para nossos dias

1. O convite de Tobias a Sara para a oração é um exemplo de como trazer a oração à vida do casal.
2. Uma boa oração tem uma estrutura:
   a) bendiz a Deus (versículo 5);
   b) exalta a sabedoria de Deus (versículo 6);
   c) estabelece a "conversa" e faz o pedido (versículo 7);
   d) faz o desfecho (versículo 8).

3. O resultado da oração é a tranquilidade (versículo 9).
4. É possível vivenciar isso na vida dos casais? Vocês já haviam percebido essa estrutura de oração?

Um pouco da vida

Há muitos testemunhos de oração a nosso redor. Basta sairmos perguntando às pessoas sobre como alcançaram determinada graça, que logo teremos material suficiente para escrever vários livros. Se observarmos as faixas de agradecimento por alguma graça alcançada, que se multiplicam pelos arredores e muros de algumas igrejas, veremos o quanto é forte a devoção e a oração do povo de Deus. Orar, realmente, costuma fazer bem. Em meio aos relatos, encontraremos curas de doenças físicas e espirituais (drogas, alcoolismo, tabagismo etc.), saídas para problemas de relacionamento conjugal e familiar, soluções de problemas financeiros (até mesmo dinheiro, há quem diga já ter recebido milagrosamente), entre tantas outras coisas. Os milagres, pequenos ou grandes, acontecem.

É possível ignorar todos esses testemunhos? Como encaramos todas essas histórias que ouvimos? Somos céticos ou receptivos a elas? Mais do que isso, como nos comportamos em relação à oração em nossas vidas? Há em nós uma predisposição a rezar?

Vamos conversar sobre tais questões para descobrirmos um pouco mais sobre essa prática que nos aproxima de Deus.

Para refletir em grupo

"Orar costuma fazer bem. O coração de quem se entrega à oração tem mil histórias para contar." Este é um trecho de uma canção composta por Pe. Zezinho. A afirmação de que "orar costuma fazer bem" recorda que a oração não tem a única finalidade de pedir – quando o pedido é atendido, o bem realiza-se –, mas também de conversar e agradecer ao Pai. A comunicação estabelecida com Deus ajuda em muitas coisas. Nos três níveis de oração que podemos perceber no nosso cotidiano – pessoal, familiar e comunitário –, há particularidades que são bem interessantes. Vamos conversar entre nós e descobrir as características da oração?

Para enriquecer ainda mais o encontro

Tarefa do casal:
A oração do casal é a base da oração familiar. Vamos conversar a dois e descobrir em que momentos o casal poderá, de forma concreta, dar testemunho de oração.

Tarefa do grupo:
O grupo deve combinar de participar juntos de uma missa ou celebração da Palavra na comunidade. Depois dessa participação, deverão então realizar o encontro de confraternização dos casais e conversar sobre o que sentiram sobre essa experiência e como estar juntos diante da mesa da Palavra e da Eucaristia pode contribuir para o crescimento das famílias.

Conclusão

Verdadeiramente, "o coração de quem se entrega à oração tem mil histórias para contar". O crescimento do casal passa pelo fortalecimento da aliança que firmaram com Deus no dia do matrimônio, e esse processo exige a prática da oração pessoal, conjugal e também comunitária, principalmente na Santa Missa. O casal precisa reservar em sua vida um espaço para a oração que louva a Deus, agradece-o e suplica a ele o que é necessário para o bem físico, emocional, psicológico e espiritual da família. E o Pai, com todo o seu amor e misericórdia, com certeza ouvirá o apelo de seus filhos, principalmente se for feito de forma humilde e carregada de fé. As histórias dos que se entregam à oração são testemunho verdadeiro da existência de um Deus que se interessa pela vida de seu povo e, certamente, caminha com ele.

Terminemos agora o encontro com nossa oração final.

12º ENCONTRO

"Eu sou seu. Você é minha." Verdadeiro ou falso?

Início de conversa

Dirigente: Duas pessoas se encontram e desejam partilhar a vida inteira juntas. Depois de algum tempo é possível sentir certa possessividade de um em relação ao outro? Este é o tema de hoje. Vamos começar com nossa oração inicial.

Tarefas do encontro anterior

- *Do casal*: Como cada casal conseguiu encaixar em sua vida um momento a mais de oração? A conversa a dois foi produtiva?
- *Do grupo*: Como foi a participação de todos juntos à Santa Missa? Como vocês se sentiram?

Algumas questões para os recém-casados

- Ele diz que manda em casa e em mim. Isso é certo?
- Eu sempre vi isso: o homem é a cabeça da família. Por que ela não aceita isso?
- Ele controla tudo o que faço: a roupa, com quem eu falo, aonde eu vou... Isso é chato!
- Ela tem muito ciúme! Acha que eu tenho de ficar o tempo todo ao lado dela. Isso me sufoca!

Dinâmica

Vamos brincar de cabra-cega! Há quanto tempo não vemos isso. Mas faremos uma cabra-cega diferente.

Arranjem uma venda que não machuque, mas que realmente impeça a pessoa de enxergar. Procurem um ambiente que não ofereça perigos como escadas, janelas ou portas de vidro, móveis. Comecem com um dos maridos. Uma vez vendado, ele deverá ser conduzido por sua esposa apenas por comandos de voz do tipo "dê três passos curtos à frente", "vire à esquerda", "vire à direita" etc. Depois, troca-se a cabra-cega: a esposa será vendada e o marido a conduzirá pela sala. O objetivo é fazer com que a cabra-cega atravesse a sala sem tropeços, apenas guiada pela voz.

Quanto tempo a pessoa faz o trajeto vendada e quanto tempo leva para fazer o mesmo percurso com plena visão?

Qual a comparação que podemos fazer com relação ao relacionamento em que somente uma pessoa dá as ordens? Qual é o sentimento do comandado? Qual é o sentimento do conduzido?

A Palavra de Deus

A Palavra que nos é proposta hoje está na carta de São Paulo aos Efésios, capítulo 5, versículos 21 a 33.

Vamos atualizar a Palavra para nossos dias

No versículo 21, que abre o discurso de exortação da carta de Paulo, afirma-se que *todos* devem ser submissos uns aos outros. Este verso já coloca homem e mulher em uma situação de equivalência.

Depois, vemos nos versículos de 22 a 24 um pedido às mulheres que virá de encontro ao pedido feito aos maridos, nos versículos 25 a 31. A base da comparação feita tanto em relação às esposas quanto aos maridos tem o centro em Cristo. A mulher deve respeitar o marido como guia (cabeça) da família, tal e qual a Igreja o faz com Cristo, que também é o guia no caminho para a salvação.

Em contrapartida, o marido deve amar sua esposa com a mesma intensidade com a qual o Cristo ama sua Igreja. Ou seja, dispondo-se até a dar a própria vida por ela. E, em meio a uma estrutura social patriarcal e machista, a carta de Paulo afirma: a esposa é para o homem como seu próprio corpo. E completa: "Ninguém odeia sua própria carne; pelo contrário, a nutre e dela cuida".

E, encerra invertendo o pedido: se o texto faz primeiro uma exortação à mulher e depois ao homem, o final insiste primeiro para que o esposo ame para depois pedir o respeito da esposa.

É possível perceber a equivalência na Palavra que é indicada por São Paulo? Nos dias de hoje, seria possível dizer que a mulher deve amar o marido como ama ao próprio corpo e que o marido a respeite como respeita a Cristo?

Um pouco da vida

Em nossos atendimentos pastorais, graças a Deus, nunca encontramos uma situação extrema ou mesmo continuada de dominação e possessividade entre marido e mulher. Mas nos deparamos com fatos que interferiram na vida do casal. Lembro-me de um caso ocorrido há pouco tempo, entre João e Maria, casal que já vivia quase vinte anos de relacionamento, que enfrentaram uma mudança na sua rotina, que os obrigou a modificar certos hábitos.

A esposa, depois de trabalhar bastante tempo fazendo "bicos", encontrou um emprego fixo. Animada, passou a ser incentivada a voltar a estudar para ajudar mais na renda da casa. João ficou meio desconfiado, mas aceitou a decisão da mulher. Nesse meio tempo, a sogra dele ficou muito doente e a esposa precisou passar uns tempos ao lado da mãe. Infelizmente, a senhora faleceu e a tristeza tomou conta de Maria, a tal ponto que começou a sofrer de depressão, afastando-se do marido. João entendeu, porém, guardou dentro de si certa mágoa.

Passados alguns meses após a morte da mãe, Maria voltou ao trabalho e aos estudos, tentando levar uma vida normal. Foi então que o marido externou sua mágoa, afirmando que ela não o amava mais e que, pelo esfriamento do relacionamento, devia estar até saindo com outra pessoa. Na verdade, o que estava acontecendo era que Maria estava se reconstruindo, enquanto João, magoado, sentia perder o controle sobre a esposa e sobre a situação que sempre fora favorável a ele, enquanto chefe do lar.

Atualmente estão juntos, tentando refazer a relação, entendendo melhor o que está acontecendo em suas vidas.

Como evitar que situações assim ocorram nos relacionamentos?

Para refletir em grupo

Em sua opinião, quando alguém diz "você é minha" ou "você é meu", está tentando expressar o quê? Qual seria a diferença entre dizer "você me pertence" e "eu gosto de estar a seu lado"? Vamos refletir um pouco sobre isso?

Para enriquecer ainda mais o encontro

Tarefa do casal:
Marido e esposa deverão perguntar entre si se em algum momento do casamento sentiu-se cobrado ou sufocado por qualquer forma de dominação ou possessão exercida pelo outro.

Tarefa do grupo:
Em uma reunião do grupo, discutir o tema da possessividade. Isso ainda existe em nossa sociedade?

Conclusão

Ninguém é dono do outro. Em um relacionamento de amor profundo e de doação há sempre um desejo de permanecer com o cônjuge. Há a vontade de oferecer-se ao outro de livre e espontânea vontade, sem ser pressionado e sem exigir algo em troca. No matrimônio, a oferta da vida não significa a anulação de si mesmo, mas o exercício de todas as qualidades que formam o esposo e a esposa para que juntos possam somar. Ser uma só carne significa que homem e mulher estão juntos para ser pertencentes a si mesmos, de tal forma que gostem naturalmente de conviver. E conviver significa viver duas vidas que caminham paralelas em uma mesma direção.

Terminemos agora o encontro com nossa oração final.

ORAÇÕES PARA OS ENCONTROS

Oração dos novos casais

(Esta oração serve para todas as ocasiões, para pedir a Deus a força na caminhada matrimonial.)

Deus Pai de bondade, que, por amor, criastes o homem e a mulher
à vossa imagem e semelhança
e que desejastes, desde o princípio,
unir duas pessoas distintas em uma só carne,
ajudai-nos a manter firme e inquebrantável
a nossa aliança conjugal,
fazendo com que a terceira pessoa do nosso matrimônio
seja sempre o vosso Espírito Santo.
Que convosco possamos trilhar nosso caminho
como novos casais, testemunhando a todos
tudo o que nos fazeis de bom em vossa misericórdia.
Não permitais, Senhor,
que nos afastemos de vós e de vosso projeto,
para que possamos cumprir a missão
que nos destes no dia de nosso casamento.
Abençoai-nos, Pai de amor,
e que, por Jesus Cristo,
possamos buscar a santidade como casal,
para alcançarmos, um dia, juntos,
a graça dos céus. Amém!
Sagrada Família, rogai por nós.

Oração inicial

(Esta oração deve ser utilizada no início de cada encontro dos casais.)

Senhor Deus, Pai amoroso e misericordioso,
que nos reunis em comunidade
e que nos trouxestes aqui.
A vós pedimos, humildemente,
que envieis o Espírito Santo sobre nossa reunião,
para que em seus dons possamos nos amparar.
Auxiliai-nos em nossas dificuldades
e enchei-nos do santo temor,
para que possamos descobrir, nestes momentos,
o que realmente quereis de nós.
Em nome do Senhor Jesus,
que está presente entre os que se reúnem em seu nome,
vos pedimos a força e a coragem
para sermos fiéis seguidores de vossa lei.
Maria, mãe santíssima,
intercedei por nós, casais a caminho.
Amém!

Oração final

(Esta oração deve ser utilizada ao final de cada encontro dos casais.)

Nós vos agradecemos, Deus Pai,
por tudo que nos ofereceis diariamente.
Agradecemos pela vida,
dom valioso e incomparável.
Agradecemos pelas graças que derramais
copiosamente sobre nossos lares.
Agradecemos por nossa união matrimonial
e pelo amor que cada dia nos une mais e mais.
Agradecemos, por fim,
por este encontro que agora terminamos.
Que vossa Palavra caia como semente boa em nosso coração
e possa encontrar a terra propícia
para frutificar como quereis.
Ficai conosco, Senhor,
pois queremos, dentro de nossa condição humana,
buscar a santidade, para podermos, um dia,
adentrar o lar eterno, que o próprio Cristo nos foi preparar.
Fortalecei-nos e guardai-nos em vosso amor.
Amém!
Pai nosso...
Ave, Maria...
Glória...

SUMÁRIO

Introdução 7

1º Encontro – Casamos. E agora? É o começo? 11

2º Encontro – "Eu não aprendi a fazer isso assim!"
Dois mundos que se encontram 17

3º Encontro – Guerra dos sexos no lar: perigo à vista 23

4º Encontro – Os seus amigos... os nossos amigos! 29

5º Encontro – Meu, seu e nosso? A partilha 35

6º Encontro – Quando o silêncio não ajuda 41

7º Encontro – Queremos *ter* ou queremos *ser*?
Quais são os valores que nos interessam? 47

8º Encontro – Interferências familiares: o que fazer? 53

9º Encontro – "Até que a morte os separe" é muito tempo? ... 59

10º Encontro – Fidelidade se aprende praticando 65

11º Encontro – Conversar com Deus a dois e a sós: a oração 71

12º Encontro – "Eu sou seu. Você é minha."
Verdadeiro ou falso? 77

Orações para os encontros 83

Rua Dona Inácia Uchoa, 62
04110-020 – São Paulo – SP (Brasil)
Tel.: (11) 2125-3500
http://www.paulinas.com.br – editora@paulinas.com.br
Telemarketing e SAC: 0800-7010081